Michaela Lambrecht

Kleine Klanggeschichten für die Krippe

Trommeln, Klatschen, Rasseln, Patschen

Verlag an der Ruhr

Impressum

Titel
Kleine Klanggeschichten für die Krippe
Trommeln, Klatschen, Rasseln, Patschen

Autorin
Michaela Lambrecht

Umschlagmotive
Hauptmotiv von stock.adobe.com © Krakenimages.com
Instrumente von Shutterstock.com: Kastagnetten © photosync; Trommel © Michael Kraus; Klangholz © Eduardo Ramirez Sanchez; Rassel © Sanimfocus
Sternchenmuster (auch im Innenteil): © Ungermeyer, grafische Angelegenheiten, Berlin

Lektorat
Daniela Brunner, Bearbeitung für diese Auflage: Verlag an der Ruhr

Satz und Layout
krauß-verlagsservice, Ederheim/Hürnheim

Druck
AZ Druck und Datentechnik GmbH, Kempten, DE

Verlag an der Ruhr
Mülheim an der Ruhr
www.verlagruhr.de

Geeignet für Kinder von 0–3 Jahren

Ursprünglich unter der ISBN 978-3-589-16160-7 bei Cornelsen Verlag GmbH, Berlin (2019) erschienen.

ISBN 978-3-8346-4805-1

Vorwort

Musik ist ein wichtiger Bestandteil im Alltag der Kinderkrippe. Oft werden Tätigkeiten mit einem kleinen einfachen Lied begleitet, wie beispielsweise einem Aufräumlied, einem Händewaschlied und vielen anderen Liedern mehr. Dies bereitet den Kindern sehr viel Freude. Es hilft ihnen dabei, Übergänge zu bewältigen und fördert ihre sprachliche Entwicklung.

Musik bedeutet aber nicht nur Singen, sondern auch die Verwendung von Instrumenten. In vielen Einrichtungen werden nur selten Instrumente eingesetzt. Klanggeschichten werden oftmals auch nur gelegentlich im Krippenalltag durchgeführt.

Dennoch sind einfache Klanggeschichten bereits mit Krippenkindern möglich.

In diesem Buch lesen Sie, wie Sie einfache Klanggeschichten mit Krippenkindern durchführen können und worauf Sie dabei achten müssen.

Ihre

Michaela Lambrecht

© Krakenimages.com/stock.adobe.com

Grundlagen zu Klanggeschichten in der Krippe

Was sind Klanggeschichten genau?

Klanggeschichten sind Geschichten, die nicht nur erzählt, sondern mit Instrumenten, meist mit Orff-Instrumenten, begleitet werden.

Zeit und Raum für Klanggeschichten finden

Wenn Sie mit Kindern Klanggeschichten durchführen möchten, sollten Sie einen Zeitpunkt wählen, an dem die Kinder noch ausgeruht sind, beispielsweise früh am Vormittag oder nach dem Mittagsschlaf. Klanggeschichten sind für Krippenkinder durchaus anspruchsvoll. Achten Sie auch auf eine ruhige Umgebung, die frei von Störungen ist. Ein Nebenraum bietet sich hier an. Die Gruppe sollte anfangs nicht mehr als 6 Kinder umfassen, da die Kinder oft noch Hilfe beim Spielen des Instrumentes benötigen.

Sieben Tipps für die Durchführung

1. Jedes Kind spielt das gleiche Instrument: Verwenden Sie anfangs nur ein Instrument für alle Kinder. So können sich die Kinder gegenseitig beobachten und hören nur ein Instrument.

2. Spielen Sie die Klanggeschichte mit: Spielen Sie mit dem gleichen Instrument wie die Kinder mit, damit sie Sie beobachten und sich an Ihrem Takt orientieren können.

3. Verwenden Sie kurze und einfache Klanggeschichten: Verwenden Sie kurze Klanggeschichten, die einen Lebensbezug zu den Kindern haben. Die Geschichten sollten sehr einfach und leicht verständlich sein.

4. Zeit zum Ausprobieren geben: Lassen Sie den Kindern Zeit, die Instrumente kennenzulernen. Bevor Sie mit der Klanggeschichte beginnen, sollten die Kinder die Instrumente ausprobieren dürfen. Wie klingt das Instrument langsam, wie klingt es schnell, wie laut und wie leise?

5. Als Einstieg bekannte Lieder mit Instrumenten begleiten: Bevor Sie beginnen, Klanggeschichten bei den Kindern einzuführen, können Sie die Kinder bekannte Lieder mit Instrumenten begleiten lassen. Das hilft ihnen dabei, die Instrumente kennenzulernen und gibt ihnen Sicherheit.

6. Regelmäßige Wiederholungen: Wiederholen Sie die Klanggeschichten regelmäßig, dann werden die Kinder besser damit vertraut.

7. Planen Sie Instrumente regelmäßig ein: Verwenden Sie die Musikinstrumente regelmäßig im Gruppenalltag, beispielsweise einmal pro Woche.

Welche Lernerfahrungen sammeln die Kinder durch die Klanggeschichten?

Verschiedene Instrumente kennenlernen: Durch das regelmäßige Spielen von Klanggeschichten lernen die Kinder die unterschiedlichen Orff-Instrumente kennen und wissen, wie diese gespielt werden.

Spaß an Musik: Das Spielen von Musik ist für die meisten Kinder mit Freude verbunden. Sie sind begeistert, wenn sie selbst ein Instrument spielen und Töne erzeugen können.

Musikalisches Gehör und Rhythmusgefühl: Die Kinder schulen ihr Gehör, für schnell und langsam, laut und leise und erkennen mit der Zeit die verschiedenen Orff-Instrumente am Klang.

Sprachliche Förderung durch die Geschichte: Jede Klanggeschichte ist nicht nur Musik, sondern erzählt auch eine Geschichte. So wird auch die Sprache der Kinder gefördert.

Zuhören lernen: Die Kinder lernen das genaue Zuhören und darauf zu achten, wann sie an die Reihe kommen, um ihr Instrument zu spielen.

Warten bis man an die Reihe kommt: Bei einer Klanggeschichte spielen nicht immer alle gleichzeitig. Hier lernen die Kinder, dass sie nicht immer dran sind. Außerdem bekommen sie vielleicht nicht immer ihr Lieblingsinstrument und lernen dabei, trotzdem an der Klanggeschichte teilzunehmen.

So führen Sie Klanggeschichten mit Kindern durch

1. Schritt: Erzählen der Klanggeschichte: Erzählen Sie zuerst die Klanggeschichte. Besonders schön ist es, wenn Sie Gegenstände oder Bilder haben, die in der Klanggeschichte vorkommen. So fällt es den Kindern leichter, die Geschichte zu verstehen. Sprechen Sie mit den Kindern über die Geschichte. Haben sie alles verstanden?

2. Schritt: Einführung der Instrumente: Jetzt werden die Instrumente eingeführt. Lassen Sie die Kinder diese ausprobieren. Die Kinder sollten jedes Instrument ausprobieren dürfen. Zeigen Sie ihnen, wie die Instrumente richtig gespielt werden. Wie klingt das Instrument laut und leise oder wie schnell und langsam? Wie klingen alle Instrumente zusammen?

3. Schritt: Spielen der Klanggeschichte mit den Instrumenten: Spielen Sie die Klanggeschichte den Kindern mit den Instrumenten vor, damit sie diese erleben können. Machen Sie bei einem Instrumentenwechsel eine kurze Pause.

4. Schritt: Die Kinder spielen die Klanggeschichte mit: Jetzt werden die Instrumente verteilt. Es ist hilfreich, wenn immer Kinder mit dem gleichen Instrument nebeneinander sitzen, so können sie sich gegenseitig beobachten.

Auch hochgehobene Bildkarten von den Instrumenten, die gespielt werden sollen, helfen den Kindern bei ihrem Einsatz.

Mein Tipp für die Praxis:
Wenn es oft zu Streit zwischen den Kindern kommt, wer welches Instrument spielen darf, können Sie die Kinder Bildkarten von den vorhandenen Instrumenten ziehen lassen. So ist festgelegt, wer welches Instrument spielt. Ein Wiederholen der Klanggeschichte mit Instrumententausch, so dass alle auch ein anderes Instrument spielen dürfen, ist meist sinnvoll.

Wie verwenden Sie dieses Buch?

Dieses Buch umfasst mehrere Kapitel zu Themen, die für die Kinder relevant sind, wie z.B. Tiere oder die Jahreszeiten. Die Klanggeschichten haben unterschiedliche Schwierigkeitsgrade. Gestartet wird mit Klanggeschichten, bei denen ein Instrument eingeführt wird. Es folgen weitere mit mehreren Instrumenten. Aber auch Klanggeschichten, die mit Körperinstrumenten durchgeführt werden, sind enthalten.

Sollten Sie ein Instrument nicht zur Verfügung haben, können Sie es meist ohne Probleme durch ein ähnliches ersetzen. Wenn Sie beispielsweise kein Glockenspiel haben, können Sie auch eine Triangel verwenden. Statt einer Holzblocktrommel können Sie auch Klangstäbe einsetzen. Wichtig ist nur, darauf zu achten, dass z.B. tiefe Töne mit ähnlichen Instrumenten ersetzt werden. Klangstäbe sollten also nicht statt einer Triangel verwendet werden, da die Töne zu hoch sind.

Basismaterialien

Diese Instrumente sollten nach Möglichkeit vorhanden sein, um Klanggeschichten mit Kindern durchzuführen.

- Klangstäbe
- Holzblocktrommeln
- Schütteleier
- Guiro
- Triangel
- verschiedene Trommeln
- Klangschale
- Rasseln

Weitere gut verwendbare Materialien sind:

- einzelne Glockenspieltöne
- Regenmacher
- Glockenspiel
- Kastagnetten
- Kokosnussschalen zum Klopfen

Hilfreich sind farbige Bildkarten von den einzelnen Instrumenten. Diese können Sie ganz leicht selbst herstellen, indem Sie die Bildkarten aus diesem Buch kopieren und die Bilder einlaminieren. Seien Sie beim Laminieren vorsichtig, dass keine Kinder in der Nähe des heißen Gerätes sind und runden Sie am besten die Ecken ein bisschen ab, damit sich niemand daran schneiden kann.

Die Instrumente

Klangstäbe

© Eduardo Ramirez Sanchez/shutterstock.com

Holzblocktrommel

© Tommy Kay/shutterstock.com

Rasseleier (Egg Shaker)

© Stefan Rotter/shutterstock.com

Guiro

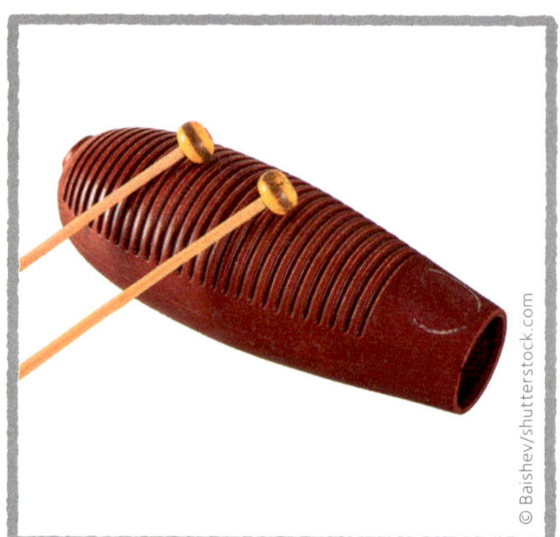
© Baishev/shutterstock.com

Triangel

© Elena Schweitzer/shutterstock.com

(Hand-)Trommel

© Marcos Schnaider/shutterstock.com

Klangschale

Rasseln

Regenmacher

Glockenspiel

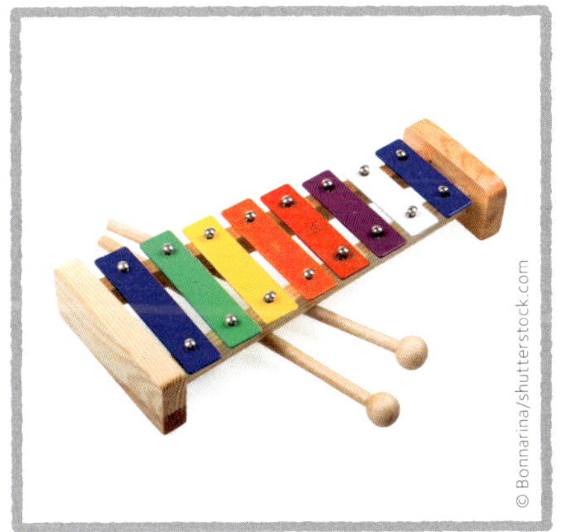

Kastagnetten

Kokosnussschalen

Konga

Bongos

Meine Tipps für die Praxis:

Sie können die Bilder auch kopieren und für die Kinder verwenden, falls Sie keine Bildkarten mit den Instrumenten zur Verfügung haben.

Die Kinder sollten während der Klanggeschichte im Kreis sitzen, damit sie gut sehen können. Wenn mehrere Kinder das gleiche Instrument spielen, sollten diese nebeneinander sitzen.

Klanggeschichten für den Krippenalltag

Die Klanghölzer feiern ein Fest (Einführung Klangstäbe)

Alter: ab 1 Jahr **Gruppenstärke:** 4 Kinder

Das brauchen Sie: für jedes teilnehmende Kind Klangstäbe

So geht es:

Mama Klangstab feiert heute ihren Geburtstag. *(Die Klangstäbe werden gespielt.)*

Mama Klangstab ist immer ganz schnell. *(Die Klangstäbe werden ganz schnell gespielt.)*

Papa Klangstab ist immer ganz langsam. *(Die Klanghölzer werden ganz langsam gespielt.)*

Die Tochter Klangholz heißt Lisa und spielt gerne wild und laut. *(Die Klanghölzer ganz laut spielen.)*

Der Sohn heißt Leo und spielt gerne ganz, ganz leise. *(Die Klanghölzer werden leise gespielt.)*

Alle feiern Mamas Fest.
Gemeinsam singen sie ein Geburtstagslied für Mama.

Papa singt ganz langsam. *(Die Klangstäbe werden ganz langsam gespielt.)*

Lisa singt ganz laut. *(Die Klangstäbe werden ganz laut gespielt.)*

Und Leo singt ganz leise. *(Die Klangstäbe werden ganz leise gespielt.)*

Alles Gute zum Geburtstag, Mama Klangholz! *(Alle spielen gemeinsam. Das Geburtstagslied der Krippe wird gemeinsam gesungen.)*

Hilfreiche Information

Klangstäbe werden auch Klanghölzer genannt. Sie können auf verschiedene Weise gespielt werden.

Die häufigste Spielweise ist das Klopfen. Man kann mit ihnen aber auch hämmern, indem ein Klangstab senkrecht aufgestellt und mit dem 2. Klangstab wie ein Hammer gehämmert wird. Die Klangstäbe können auch als Trommelstöcke verwendet werden und auf den Boden trommeln.

Der Specht klopft an den Baum (Einführung Holzblocktrommel)

Alter: ab 1 Jahr **Gruppenstärke:** 4–6 Kinder

Das brauchen Sie: Bild von einem Specht, für jedes teilnehmende Kind eine Holzblocktrommel

So geht es:

Der Specht klopft an den Baum. *(Die Kinder klopfen die Holzblocktrommel.)*

Mal klopft er laut, *(Die Holzblocktrommel wird laut geklopft.)*

mal klopft er leis, *(Die Holzblocktrommel wird leise geklopft.)*

mal klopft er langsam, *(Die Holzblocktrommel wird langsam geklopft.)*

mal klopft er schnell. *(Die Holzblocktrommel wird schnell geklopft.)*

Auf einmal ist es ganz still, *(Die Instrumente hören auf zu spielen.)*

weil er jetzt schlafen will.

Ich springe heut auf meinem Trampolin (Einführung Rasseleier)

Alter: ab 2 Jahren **Gruppenstärke:** 4–6 Kinder

Das brauchen Sie: für jedes teilnehmende Kind Rasseleier

So geht es:

Ich hab ein wunderschönes Trampolin.
Ich hüpfe hoch
und wieder runter.
Ich hüpfe hoch
und wieder runter. *(Die Rasseleier werden während des gesamten Textes geschüttelt.)*

Ich hüpfe höher und höher. *(Die Rasseleier werden lauter und schneller geschüttelt.)*

Jetzt bleib ich wieder stehn *(Die Instrumente hören auf zu spielen.)*

und werd vom Trampolin runtergehn. *(Zum Abschluss einmal rasseln.)*

Wichtige Hintergrundinformationen

Die Rasseleier gehören nicht zur Kategorie der Orff-Instrumente. Dennoch sind sie aufgrund ihrer einfachen Handhabung besonders bei Krippenkindern sehr beliebt.

Mein wunderschönes Schaukelpferd (Einführung Guiro)

Alter: ab 1 Jahr **Gruppenstärke:** 4 Kinder

Das brauchen Sie: Bild von einem Schaukelpferd, für jedes teilnehmende Kind ein Guiro

So geht es:

Ich hab ein wunderschönes Schaukelpferd.
Ich schaukle damit hin *(Das Guiro nach oben streichen.)*

und her. *(Das Guiro wieder zurückstreichen.)*

Hin und her. *(Das Guiro nach oben streichen und dann wieder nach unten.)*

Das macht Spaß!
Hurra! *(In die Hände klatschen.)*

Wichtige Hintergrundinformationen

Das Guiro wird auch Reco oder umgangssprachlich in Kitas „Gurke“ genannt.

Fünf kleine Sterne leuchten am Himmel (Einführung Triangel)

Alter: 2 Jahre **Gruppenstärke:** 5 Kinder

Das brauchen Sie: 5 ausgeschnittene Sterne in einem Körbchen mit einem Tuch verdeckt, für jedes teilnehmende Kind eine Triangel

So geht es:

Lassen Sie die Kinder in einem Körbchen die verdeckten Sterne ertasten. Wer errät, was es ist?

Es ist Nacht.
Viele kleine Sterne leuchten hoch oben am Himmel. *(Alle Kinder dürfen leise die Triangel anschlagen.)*

Siehst du den ersten Stern? *(Eine Triangel wird angeschlagen.)*

Siehst du den zweiten Stern? *(Eine Triangel wird angeschlagen.)*

Siehst du den dritten Stern? *(Eine Triangel wird angeschlagen.)*

Siehst du den vierten Stern? *(Eine Triangel wird angeschlagen.)*

Siehst du den fünften Stern? *(Eine Triangel wird angeschlagen.)*

Alle Sterne leuchten wunderschön. *(Alle Kinder dürfen leise die Triangel anschlagen.)*

Mein Tipp für die Praxis:

Zeigen Sie den Kindern, wie die Triangel mit der einen Hand gehalten und mit dem Triangelstab angeschlagen wird. Besonders für jüngere Kinder ist dies am Anfang noch sehr schwierig. Sie können auch die Triangel halten und das Kind schlägt sie an.

Die Elefanten stampfen rundherum (Einführung Handtrommel)

Alter: 2 Jahre **Gruppenstärke:** 4 Kinder

Das brauchen Sie: Bilder von verschiedenen Trommeln oder, falls vorhanden, verschiedene Trommeln, für jedes Kind eine Handtrommel

So geht es:

Fünf kleine Elefanten stampfen im Kreis herum.
(Die Handtrommeln werden geschlagen.)
Sie stampfen immer weiter und weiter,
rundherum. *(Die Handtrommeln werden geschlagen.)*

Ein Elefant bleibt plötzlich stehn, *(Die Instrumente hören auf zu spielen.)*
er will nicht mehr weitergehn.

Vier kleine Elefanten stampfen im Kreis herum.
Sie stampfen immer weiter und weiter,
rundherum. *(Die Handtrommeln werden geschlagen.)*

Einer bleibt plötzlich stehn, *(Die Instrumente hören auf zu spielen.)*
er will nicht mehr weitergehn.

Drei kleine Elefanten stampfen im Kreis herum.
Sie stampfen immer weiter und weiter,
rundherum. *(Die Handtrommeln werden geschlagen.)*

Einer bleibt plötzlich stehn, *(Die Instrumente hören auf zu spielen.)*
er will nicht mehr weitergehn.

Zwei kleine Elefanten stampfen im Kreis herum.
Sie stampfen immer weiter und weiter,
rundherum. *(Die Handtrommeln werden geschlagen.)*

Einer bleibt plötzlich stehn *(Die Instrumente hören auf zu spielen.)*
und will nicht mehr weitergehn.

Ein kleiner Elefant stampft allein im Kreis herum und
schaut sich nach seinen Freunden um. *(Die Handtrommel wird geschlagen.)*

Er ruft ganz laut trara, *(Die Handtrommel wird einmal angeschlagen.)*

da sind seine Freunde wieder da! *(Die Handtrommeln werden geschlagen.)*

Hurra! *(Alle dürfen in die Hände klatschen.)*

Variationen:

Sie können die Anzahl der Elefanten anfangs auch auf drei Elefanten verringern.

Wenn Sie die Klanggeschichte mehrfach durchführen, können Sie mit Kindern ab zwei Jahren versuchen, die Geschichte zu spielen, indem sie sich im Kreis aufstellen und die Kinder wie Elefanten stampfen. Ein Kind darf die Handtrommel schlagen. Die Elefanten reduzieren sich dann immer weiter. Zum Schluss kommen wieder alle zusammen.

Ich schenk' dir einen Ton (Einführung Klangschale)

Alter: ab 1 Jahr **Gruppenstärke:** 4–6 Kinder

Das brauchen Sie: eine Klangschale

So geht es:

Siehst du meine Klangschale hier?
Sie klingt wunderschön. *(Die Klangschale wird angeschlagen.)*

Ich schenk' dir einen Ton,
kannst du ihn hören? *(Zu einem Kind hingehen und einmal die Klangschale anschlagen.)*

Schenkst du mir auch einen Ton? *(Jetzt darf das Kind einmal die Klangschale anschlagen.)*

Ich schenk' dir einen Ton, *(Kind 1 geht zum nächsten Kind 2.)*

kannst du ihn hören? *(Einmal die Klangschale anschlagen.)*

Schenkst du mir auch einen Ton? *(Jetzt darf das Kind 2 einmal die Klangschale anschlagen.)*

Reihum bekommt jedes Kind einen Ton geschenkt und darf auch einen Ton verschenken.

Viele kleine Frösche (Einführung Rassel)

Alter: ab 1 Jahr **Gruppenstärke:** 4–6 Kinder

Das brauchen Sie: Bild von Fröschen, für jedes teilnehmende Kind eine Rassel

So geht es:

Viele kleine Frösche hüpfen heut zum Teich,
hüpfen heut zum Teich. *(Die Instrumente rasseln.)*

Hüpfen immer weiter und weiter … *(Die Instrumente rasseln.)*

Und dann: *(In die Hände klatschen.)*

Platsch!
Hüpfen alle Frösche in den Teich hinein! *(Ganz laut rasseln.)*

Mein Tipp für die Praxis:

Besonders toll ist es, wenn Sie in Ihrer Einrichtung einen Klangfrosch haben, der dazu gespielt werden kann.

Klanggeschichten über Tiere

Das kleine Eichhörnchen

Alter: ab 1 Jahr **Gruppenstärke:** 4 Kinder

Das brauchen Sie: für jedes teilnehmende Kind ein Guiro, Bild von einem Eichhörnchen

So geht es:

Ein kleines Eichhörnchen	*(Einmal das Guiro streichen.)*
schnappt sich eine Nuss,	*(Einmal das Guiro streichen.)*
flitzt den Baum hinauf	*(Das Guiro hochstreichen.)*
und frisst die Nuss.	*(Das Guiro runterstreichen.)*

Zwei kleine Ponys

Alter: ab 1 Jahr **Gruppenstärke:** 4 Kinder

Das brauchen Sie: für die eine Hälfte der teilnehmenden Kinder Klangstäbe, für die andere Hälfte Holzblocktrommeln, Stoffponys zur Einführung

So geht es:

Zwei kleine Ponys galoppieren um die Wette, *(Zuerst werden die Klangstäbe angeschlagen und dann die Holzblocktrommeln.)*

galoppieren um die Wette. *(Dann werden zuerst die Holzblocktrommeln angeschlagen und dann die Klangstäbe.)*

Das erste Pony ist schon da. *(Eine Holzblocktrommel wird einmal angeschlagen.)*

Hurra! *(Alle klatschen in die Hände.)*

Jetzt ist auch das zweite Pony da! *(Die Klangstäbe werden angeschlagen.)*

Mein Tipp für die Praxis:

Wechseln Sie bei der Wiederholung die Instrumente so, dass jedes Kind einmal die Klangstäbe bekommt, um zu „gewinnen" (erstes Pony). Die meisten Kinder möchten gerne auch einmal gewinnen.

Die Katze jagt die Maus

Alter: ab 2 Jahren **Gruppenstärke:** 4–6 Kinder

Das brauchen Sie: Klangstäbe, einzelne Glockenspieltöne, Glockenspiel, falls vorhanden eine Stoffmaus und eine Stoffkatze, alternativ Bilder von Katze und Maus

So geht es:

Die Katze jagt die Maus *(Die Klangstäbe werden gespielt.)*

durch das ganze Haus. *(Die Klangstäbe werden gespielt.)*

Die Maus, die piept ganz frech: *(Mehrere Glockenspieltöne werden angeschlagen.)*

„Fang mich doch!“ *(Mehrere Glockenspieltöne werden angeschlagen.)*

Und flitzt ganz schnell in ihr Mäuseloch. *(Das Glockenspiel einmal entlangfahren.)*

Mein Tipp für die Praxis:

Falls vorhanden, können Sie auch einzelne Glockenspieltöne für die Kinder verwenden. Diese sind für die Kinder leichter zu spielen und das Klangerlebnis wird einheitlicher.

Der kleine Bär will keinen Mittagsschlaf machen

Alter: ab 2 Jahren **Gruppenstärke:** 4–6 Kinder

Das brauchen Sie: großer und kleiner Teddybär zur Einführung, für die eine Hälfte der teilnehmenden Kinder eine Holzblocktrommel, für die andere Hälfte Klangstäbe

So geht es:

Der kleine Bär *(Die Klangstäbe werden geschlagen.)*

lebte mit dem großen Bär *(Die Holzblocktrommeln werden angeschlagen.)*

in einer Bärenhöhle. *(Beide Instrumente werden gleichzeitig gespielt.)*

Der kleine Bär wollte nie seinen Bärenmittagsschlaf machen. *(Die Klangstäbe werden geschlagen.)*

Heute blieb er einfach wach und spielte. *(Die Klangstäbe werden geschlagen.)*

Und auf einmal war er doch eingeschlafen. *(Kein Instrument spielt und alle machen Schnarchgeräusche.)*

Der große Bär *(Die Holzblocktrommeln werden angeschlagen.)*

trug den kleinen Bär in sein kuscheliges Bärenbettchen. *(Beide Instrumente werden ganz leise gespielt.)*

Gute Nacht, kleiner Bär!

Mein Tipp für die Praxis:

Sie können den Kindern zum Abschluss mit Schminkfarbe einen kleinen Bärenkopf in die Handflächen malen. Das ist für die Kinder etwas ganz Besonderes. Nehmen Sie hierfür einen Stift mit gesundheitlich unbedenklichen Farben.

Die Tiere im Zoo

Alter: ab 2,5 Jahren **Gruppenstärke:** 10 Kinder (jedes Instrument 2-mal)

Das brauchen Sie: für die Affen Guiros, für die Pinguine Glockenspiele, für Löwen und Tiger Rasseln, für die Krokodile Holzblocktrommeln, für die Papageien Triangel

So geht es:

Im Zoo leben ganz viele Tiere. *(Alle Instrumente dürfen gleichzeitig gespielt werden.)*

Da leben die lustigen Affen,
die gerne klettern und Bananen essen. *(Das Guiro mehrmals rauf- und runterstreichen.)*

Da leben die Pinguine,
die den ganzen Tag herumwatscheln und
sich über einen Fisch zum Fressen freuen. *(Mehrere Glockenspieltöne nacheinander anschlagen.)*

Da leben wilde Löwen und Tiger.
Sie schauen groß und gefährlich aus. *(Laut rasseln.)*

Da leben auch Krokodile,
die ihr Maul weit aufreißen können. *(Die Holzblocktrommeln anschlagen.)*

Aber auch Papageien gibt es, die sprechen können. *(Die Triangel läuten.)*

Und viele, viele andere Tiere leben in dem Zoo! *(Alle Instrumente dürfen gleichzeitig gespielt werden.)*

Zu Besuch auf dem Bauernhof

Alter: 2,5 bis 3 Jahre **Gruppenstärke:** 6 Kinder

Das brauchen Sie: Kastagnetten, Holzblocktrommeln, Klangstäbe, Triangel, einzelne Glockenspieltöne, Guiro, Bilder von den einzelnen Tieren auf dem Bauernhof

So geht es:

Heute sind wir zu Besuch auf dem Bauernhof.
Wir werden von dem Hahn mit einem lauten Kikeriki begrüßt.
(Die Kastagnetten werden geschüttelt.)

Im Stall leben die Schweine. *(Holzblocktrommeln werden geschlagen.)*

Es gibt auch ganz kleine Ferkel.
Sind die süß! *(Die Triangel anschlagen.)*

Auf der Weide macht es ganz laut muh, muh.
Die Kühe grasen zufrieden auf der Weide. *(Die Klangstäbe anschlagen.)*

Wir helfen mit, die Eier von den Hühnern einzusammeln.
Das macht Spaß! *(Einzelne Glockenspieltöne anschlagen.)*

Am meisten Spaß macht aber das Streicheln der Hofkatze.
(Das Guiro auf- und abstreichen.)

Schade, jetzt müssen wir schon wieder nach Hause.

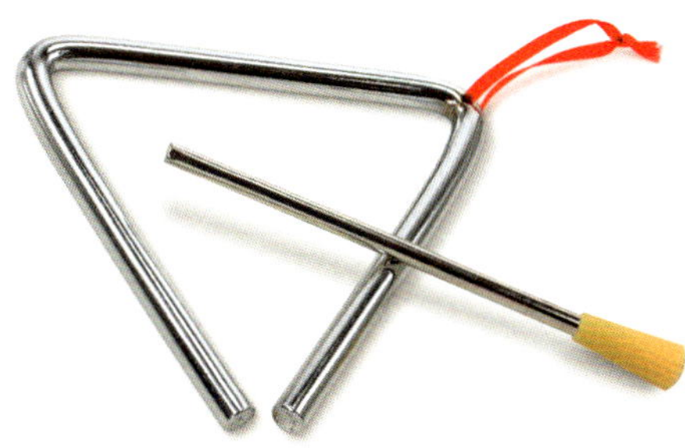

Klanggeschichten: Im Freien

Pusteblume

Alter: ab 1 Jahr **Gruppenstärke:** 4 Kinder

Das brauchen Sie: für jedes teilnehmende Kind ein Glockenspiel und eine Pusteblume in einer Vase

So geht es:

Ich habe eine wunderschöne Pusteblume. *(Mehrere Töne des Glockenspiels werden angeschlagen.)*

Ich puste und puste. *(Mehrere Töne des Glockenspiels werden angeschlagen.)*

Da fliegt sie davon. *(Das Glockenspiel wird entlanggestrichen.)*

Gute Reise, liebe Pusteblume. *(Alle dürfen Winkbewegungen machen.)*

Mein Tipp für die Praxis:

Nach dem Klangspiel können Sie mit den Kindern im Garten gemeinsam die Pusteblumen pusten. Das macht allen Spaß!

Mein roter Luftballon

Alter: ab 1 Jahr **Gruppenstärke:** 4 Kinder

Das brauchen Sie: für jedes teilnehmende Kind eine Triangel, einen roten Luftballon mit angebundener Karte

So geht es:

Ich habe einen roten Luftballon. *(Die Triangel wird mehrmals angeschlagen.)*

Ich bind' noch eine Karte mit meinem Namen dran. *(Die Triangel wird mehrmals angeschlagen.)*

Damit mir jemand schreiben kann. *(Die Triangel wird mehrmals angeschlagen.)*

Eins, zwei und drei, *(Zu jeder Zahl einmal die Triangel anschlagen.)*

Luftballon, du bist jetzt frei! *(Die Triangel ganz laut anschlagen.)*

Mein Tipp für die Praxis:

Ein besonderes Erlebnis ist es für die Kinder, wenn sie gemeinsam einen mit Helium gefüllten Ballon mit der Krippenadresse fliegen lassen.

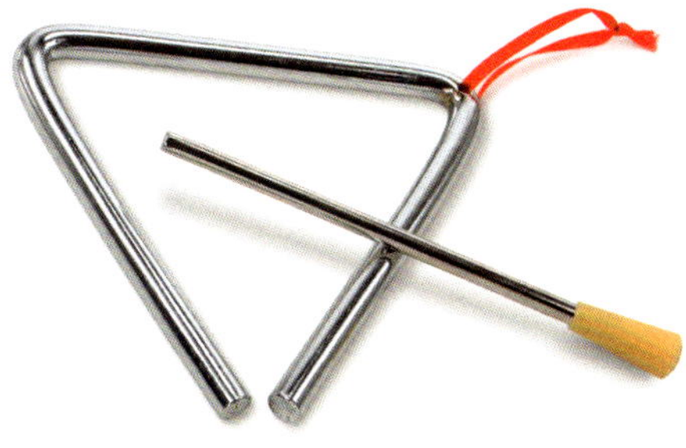

Auf dem Erdbeerfeld

Alter: 2,5 Jahre **Gruppenstärke:** 8 Kinder (jedes Instrument 2-mal)

Das brauchen Sie: Klangstäbe, mehrere Glockenspieltöne, Glockenspiele, Handtrommeln

So geht es:

Wir fahren heut zum Erdbeerfeld. *(Klangstäbe anschlagen.)*

Da gibt es viele, viele Erdbeeren. *(Mehrere Glockenspieltöne anschlagen.)*

Ich pflücke und pflücke *(Mehrere Glockenspieltöne anschlagen.)*

ein ganzes Körbchen voll *(Das Glockenspiel entlangfahren.)*

und manche ess ich auch ganz schnell auf. *(Handtrommel mehrfach kurz anschlagen.)*

Mhh, sind die lecker! *(Alle dürfen sich den Bauch reiben und „Mhh“ sagen.)*

Mein Tipp für die Praxis:

Besonders schön ist es, wenn alle nach der Klanggeschichte zusammen Erdbeeren essen. Falls es in der Nähe ein Erdbeerfeld gibt, ist dies natürlich auch ein schöner Ausflug.

Siehst du meine Seifenblasen?

Alter: ab 1,5 Jahren **Gruppenstärke:** 4–6 Kinder

Das brauchen Sie: einzelne Glockenspieltöne, Glockenspiele, Triangel, Seifenblasen

So geht es:

Heute pusten wir mal Seifenblasen, Seifenblasen. *(Einzelne Glockenspieltöne anschlagen.)*

Sie fliegen hoch hinauf, hoch hinauf. *(Nacheinander die Töne des Glockenspiels anschlagen.)*

Wer kann sie fangen, wer kann sie fangen? *(Mehrmals die Triangel anschlagen.)*

Mein Tipp für die Praxis:

Nehmen Sie sich die Zeit, um mit den Kindern im Freien Seifenblasen zu pusten und sie zu fangen. Das macht ihnen großen Spaß. Besonders schön ist es auch, zu betrachten, wenn Sie die Seifenblasen auf eine Wanne mit Wasser pusten, denn die Seifenblasen spiegeln sich im Wasser.

Karussell

Alter: ab 1 Jahr **Gruppenstärke:** 4 Kinder

Das brauchen Sie: Holzblocktrommeln, Klangstäbe

So geht es:

Ich fahre mit dem Karussell. *(Holzblocktrommeln anschlagen.)*

Erst ganz langsam, *(Holzblocktrommeln langsam anschlagen.)*

dann ganz schnell. *(Die Klangstäbe werden schnell geschlagen.)*

Leider bleibt es aber bald schon stehn. *(Alle Instrumente hören auf zu spielen.)*

Es ist Zeit nach Haus' zu gehn.

Mein Tipp für die Praxis:

Sie können eine Karussellfahrt mit dem Schwungtuch nachspielen, indem sich die Kinder rundherum um das Schwungtuch stellen, und dort mit einer Hand einhalten und dazu zuerst ganz langsam und dann schneller gehen. Am Schluss bleiben alle wieder stehen.

Auf dem Spielplatz

Alter: ab 2 Jahren **Gruppenstärke:** 4–6 Kinder

Das brauchen Sie: Klangstäbe, Holzblocktrommel, Guiro

So geht es:

Auf dem Spielplatz ist viel los! *(Die Klangstäbe werden geschlagen.)*

Ich schaukle auf der Schaukel hin und her. *(Die Holzblocktrommel wird geschlagen.)*

Dann rutsche ich die Rutsche schnell herunter. *(Das Guiro wird hin- und hergestrichen.)*

Im Sand backe ich noch einen Kuchen. *(Die Holzblocktrommel schlagen.)*

Schade, wir müssen schon wieder gehen.

Aber morgen gibt es ein Wiedersehen. *(Die Klangstäbe werden geschlagen.)*

Mein Tipp für die Praxis:

Sie können die Klanggeschichte als Einstimmung auf einen Besuch auf dem Spielplatz spielen. Machen Sie auf dem Spielplatz alles, was in der Klanggeschichte vorkommt.

Klanggeschichten: Meine Familie

Mama, wann ist mein Geburtstag?

Alter: ab 2 Jahren **Gruppenstärke:** 6 Kinder

Das brauchen Sie: Klangstäbe, Triangel

So geht es:

Mama, wann ist mein Geburtstag?	*(Die Klangstäbe werden geschlagen.)*
Dreimal noch schlafen.	*(Die Triangel dreimal anschlagen.)*
Mama, wann ist mein Geburtstag?	*(Die Klangstäbe werden geschlagen.)*
Zweimal noch schlafen.	*(Die Triangel zweimal anschlagen.)*
Mama, wann ist mein Geburtstag?	*(Die Klangstäbe werden geschlagen.)*
Einmal noch schlafen.	*(Die Triangel wird einmal angeschlagen.)*
Hurra!	
Endlich ist mein Geburtstag da!	*(Mehrmals die Triangel anschlagen.)*

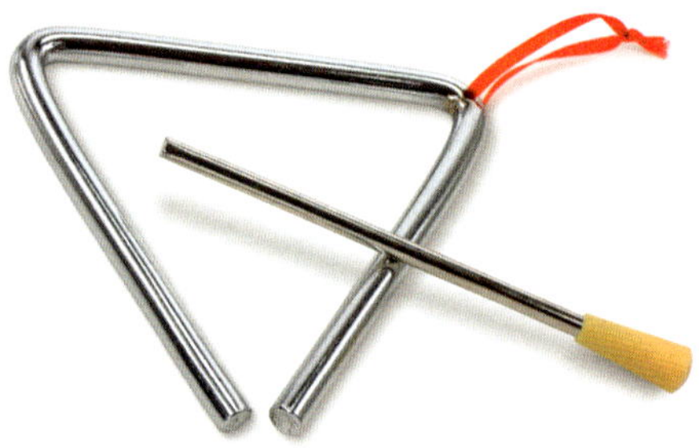

Meine Füße sind so müde

Alter: ab 2 Jahren **Gruppenstärke:** 4–6 Kinder

Das brauchen Sie: mehrere Glockenspieltöne, Holzblocktrommeln, Triangel

So geht es:

Mama,	*(Glockenspielton anschlagen.)*
Papa	*(Holzblocktrommel wird einmal angeschlagen.)*
und ich	*(Triangel anschlagen.)*
machen einen Spaziergang.	*(Alle Instrumente gleichzeitig anschlagen.)*
Aber meine Beine sind so müde	*(Triangel ganz langsam anschlagen.)*
und bleiben einfach stehn;	
sie können nicht mehr gehn.	*(Alle Instrumente hören auf zu spielen.)*
Auf Papas Schultern ist es wunderschön.	
Wieder nach Haus' zu gehn.	*(Holzblocktrommeln und Triangel gleichzeitig anschlagen.)*

Opa und Oma sind zu Besuch

Alter: ab 2 Jahren **Gruppenstärke:** 4–6 Kinder

Das brauchen Sie: einzelne Glockenspieltöne, Holzblocktrommeln

So geht es:

Hurra, *(Alle klatschen in die Hände.)*

endlich sind Oma *(Einzelne Glockenspieltöne werden angeschlagen.)*

und Opa da! *(Holzblocktrommeln werden angeschlagen.)*

Mit Opa spiele ich gern' mit dem Ball. *(Holzblocktrommeln werden angeschlagen.)*

Die Oma liest mir schöne Geschichten vor. *(Einzelne Glockenspieltöne werden angeschlagen.)*

Leider müssen Oma und Opa schon wieder gehen. *(Beide Instrumente werden gleichzeitig gespielt.)*

Ich freue mich schon auf unser Wiedersehen. *(Alle klatschen zum Text in die Hände.)*

Mein Knie tut weh

Alter: ab 1,5 Jahren **Gruppenstärke:** 4 Kinder

Das brauchen Sie: Rasseln, Holzblocktrommel, Triangel

So geht es:

Oje, oje,	*(Die Rasseln werden geschüttelt.)*
mein Knie, das tut so weh.	*(Die Rasseln werden ganz langsam geschüttelt.)*
Es blutet,	*(Die Holzblocktrommel wird angeschlagen.)*
ich bin hingefallen.	*(Die Holzblocktrommel wird angeschlagen.)*
Aber Mama klebt ein Pflaster dran,	*(Die Triangel wird angeschlagen.)*
sodass ich gleich wieder laufen kann.	*(Die Triangel wird angeschlagen.)*

Heute machen wir selbst Apfelmus

Alter: ab 2 Jahren **Gruppenstärke:** 4 Kinder

Das brauchen Sie: Klangstäbe, Guiro, Handtrommeln, wenn möglich für die Kinder Apfelmus zum Probieren

So geht es:

Papa hat Äpfel gekauft und macht mit uns Apfelmus. *(Die Klangstäbe werden geschlagen.)*

Hurra! Mein Bruder und ich helfen mit. *(In die Hände klatschen.)*

Zuerst werden die Äpfel geschält. *(Das Guiro wird auf- und abgestrichen.)*

Wir helfen beim Kleinschneiden. *(Die Klangstäbe werden gespielt.)*

Dann werden die Äpfel gekocht. *(Die Handtrommel wird geschlagen.)*

Und püriert. *(Das Guiro wird auf- und abgestrichen.)*

Fertig ist unser selbstgemachtes Apfelmus. *(Die Klangstäbe werden geschlagen.)*

Das schmeckt lecker! *(Alle Instrumente dürfen gespielt werden.)*

Mhh! *(Die Kinder dürfen sich den Bauch reiben.)*

Mein Tipp für die Praxis:

Apfelmus ist einfach und schnell herzustellen. Bereits Krippenkinder haben Spaß daran, Apfelstücke kleinzuschneiden.

Heute säen wir den Schnittlauch an

Alter: ab 2,5 Jahren **Gruppenstärke:** 4–6 Kinder

Das brauchen Sie: Klangstäbe, Handtrommeln, einzelne Glockenspieltöne, Klangstäbe, Schnittlauch zum Betrachten und Kosten

So geht es:

Heute säen wir den Schnittlauch an. *(Die Klangstäbe werden geschlagen.)*

Zuerst die Erde in den Topf hinein, *(Die Handtrommeln werden angeschlagen.)*

dann die Samen rein, *(Einzelne Glockenspieltöne werden angeschlagen.)*

Wieder Erde drauf. *(Die Handtrommeln werden angeschlagen.)*

Hoffentlich geht unser Schnittlauch bald auf. *(Die Klangstäbe werden geschlagen.)*

Ich gieß ihn Tag für Tag, *(Einzelne Glockenspieltöne werden angeschlagen.)*

weil ich ihn bald essen mag. *(Alle Instrumente werden gleichzeitig gespielt.)*

Mein Tipp für die Praxis:

Säen Sie gemeinsam einen Schnittlauchtopf mit den Kindern an. Sie können den Schnittlauch zum Würzen von Suppen, Salat oder auch für ein Brot verwenden.

Klanggeschichten: Verschiedene Fahrzeuge

Ich fahre mit meinem Dreirad

Alter: ab 1 Jahr **Gruppenstärke:** 4 Kinder

Das brauchen Sie: Klangstäbe, Holzblocktrommeln

So geht es:

Ich fahre mit meinem Dreirad *(Die Klangstäbe werden geschlagen.)*

im Kreis herum, *(Die Holzblocktrommeln werden angeschlagen.)*

hin und her, *(Die Klangstäbe werden geschlagen.)*

kreuz und quer *(Die Holzblocktrommeln werden angeschlagen.)*

und freue mich sehr. *(Beide Instrumente werden gleichzeitig gespielt.)*

Wir rudern mit dem Ruderboot

Alter: ab 2 **Gruppenstärke:** 4–6 Kinder

Das brauchen Sie: Klangstäbe, Handtrommeln, Holzblocktrommeln

So geht es:

Wir rudern mit dem Ruderboot auf hoher, hoher See. *(Die Klangstäbe werden geschlagen.)*

Es kommt ein wilder Sturm. *(Die Handtrommeln werden geschlagen.)*

Wir schaukeln links, wir schaukeln rechts *(Die Klangstäbe werden geschlagen.)*

und plumps, da liegen wir im Wasser. *(Die Handtrommeln werden einmal geschlagen.)*

Oh, weh! *(Die Holzblocktrommeln werden einmal angeschlagen.)*

Mein Tipp für die Praxis:

Sie können die Klanggeschichte zum Abschluss auch als Bewegungsspiel durchführen. Die Kinder können mit den Armen Ruderbewegungen machen, wie ein Sturm pusten, hin- und herschaukeln und durch Umfallen spielen, dass sie ins Wasser plumpsen.

Die Ampel ist kaputt

Alter: ab 2 Jahren **Gruppenstärke:** 4–6 Kinder

Das brauchen Sie: Holzblocktrommeln, Rasseln, Guiro

So geht es:

Die Ampel ist kaputt, oh weh!	*(Die Holzblocktrommeln werden angeschlagen.)*
Alle bleiben stehen.	*(Die Rasseln werden kurz gespielt und hören dann auf.)*
Keiner kann mehr weitergehen.	*(Kein Instrument wird gespielt.)*
Ein Polizist mit einer Pfeife kommt angerannt.	*(Das Guiro wird auf- und abgestrichen.)*
Und pfeift, du bist jetzt dran!	*(Das Guiro wird auf- und abgestrichen.)*
Und alle fahren wieder an.	*(Die Holzblocktrommeln und die Rasseln spielen gleichzeitig.)*

Mein Tipp für die Praxis:

Sie können auch ein Ampel-Bewegungsspiel zum Abschluss spielen. Wenn Sie eine grüne Karte hochhalten, dürfen sich alle Kinder bewegen und bei Rot müssen sie stehenbleiben.

Ein Flugzeug fliegt hoch in der Luft

Alter: ab 2 Jahren **Gruppenstärke:** 4–6 Kinder

Das brauchen Sie: Glockenspiel, Triangel, Klangschale

So geht es:

Ein Flugzeug fliegt hoch in der Luft.	*(Die Töne vom Glockenspiel werden nacheinander angeschlagen.)*
Es fliegt durch die Wolken hindurch.	*(Das Glockenspiel entlangfahren.)*
Kannst du es sehen?	*(Die Triangel anschlagen.)*
Wohin wird die Reise wohl gehen?	*(Die Klangschale wird angeschlagen.)*

Wir fahren mit dem Zug, Zug, Zug

Alter: ab 2 Jahren **Gruppenstärke:** 4–6 Kinder

Das brauchen Sie: Handtrommeln, Klangstäbe, Holzeisenbahn zur Einführung

So geht es:

Hurra, gleich geht es los. *(Die Handtrommel bei „Hurra“ einmal anschlagen.)*

Heute fahren wir mit dem Zug, Zug, Zug. *(Die Klangstäbe werden angeschlagen.)*

Wir steigen ein, *(Die Klangstäbe werden geschlagen.)*

schon geht es los. *(Die Klangstäbe werden geschlagen.)*

Tut, tut. *(Alle rufen tut, tut.)*

Hurra, schon sind wir da! *(Die Handtrommel bei „Hurra“ einmal anschlagen.)*

Zugfahren ist toll, *(Die Klangstäbe werden geschlagen.)*

einfach wundervoll!

Auf der Straße ist viel Verkehr

Alter: ab 2 Jahren **Gruppenstärke:** 4–6 Kinder

Das brauchen Sie: Klangstäbe (für die Fußgänger), Triangel (für Dreiräder), Holzblocktrommeln (für die Autofahrer)

So geht es:

Fußgänger gehen auf dem Gehweg. *(Die Kinder mit den Klangstäben dürfen klopfen und die Fußgänger spielen.)*

Lena und Tobi fahren mit dem Dreirad auf dem Gehweg. *(Die Kinder mit den Triangeln dürfen spielen.)*

Auf der Straße fahren viele Autos. *(Die Kinder mit den Holzblocktrommeln dürfen spielen.)*

Eine Ampel regelt den Verkehr.
Jetzt haben die Fußgänger Grün und dürfen gehen. *(Die Kinder mit den Klangstäben dürfen spielen.)*

Stopp! Die Fußgänger bleiben stehen. *(Die Klangstäbe bleiben still.)*

Jetzt dürfen die Dreiräder fahren. *(Die Kinder mit den Triangeln dürfen spielen.)*

Stopp! Die Dreiräder halten an. *(Die Triangel bleiben still.)*

Jetzt dürfen die Autos fahren. *(Die Kinder mit den Holzblocktrommeln dürfen spielen.)*

Stopp! Die Autos halten an. *(Die Holzblocktrommeln bleiben still.)*

Hurra, es sind alle angekommen! *(Alle Instrumente dürfen zum Abschluss nochmals gemeinsam spielen.)*

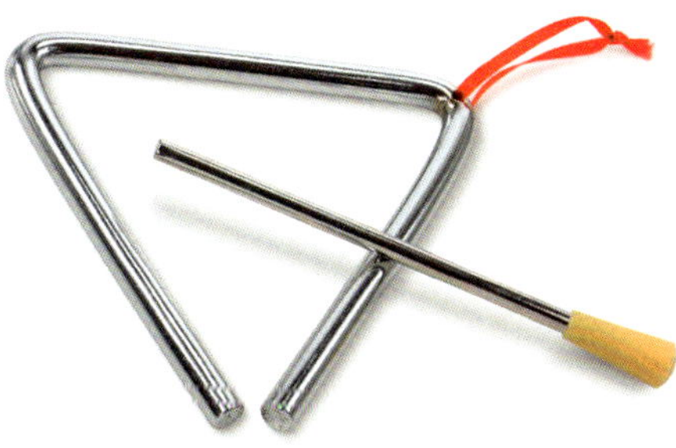

Klanggeschichten: Wetter

Heute weht ein Wind

Alter: ab 1 Jahr **Gruppenstärke:** 4 Kinder

Das brauchen Sie: Rasseln

So geht es:

Heute weht ein Wind.	*(Die Rasseln werden gespielt.)*
Zuerst weht er nur ganz wenig.	*(Leise und langsam rasseln.)*
Dann weht der Wind immer stärker und stärker.	*(Die Rasseln werden lauter gespielt.)*
Aber endlich	*(In die Hände klatschen.)*
wird der Wind wieder weniger und hört auf zu wehen.	*(Die Rasseln werden langsamer gespielt und hören dann auf.)*
Das ist schön!	

Mein Tipp für die Praxis:

Sie können auch verschiedene Windstärken mit dem Schwungtuch nachspielen. Ein Kind legt sich unter das Schwungtuch, die anderen Kinder dürfen es hinauf- und hinunterbewegen wie bei einem wehenden Wind.

Wir springen in die Pfützen

Alter: ab 1,5 Jahren **Gruppenstärke:** 4–6 Kinder

Das brauchen Sie: Holzblocktrommeln, Klangstäbe, Handtrommeln

So geht es:

Heute regnet und regnet es. *(Die Holzblocktrommeln werden angeschlagen.)*

Es gibt viele, viele Pfützen. *(Die Klangstäbe werden geschlagen.)*

Wollen wir reinspringen? *(Die Klangstäbe werden geschlagen.)*

Platsch, platsch! *(Die Handtrommeln werden zweimal geschlagen.)*

Das macht Spaß! *(In die Hände klatschen.)*

Mein Tipp für die Praxis:

Gehen Sie bei Regenwetter mit den Kindern mit Gummistiefeln und Regenjacke hinaus und lassen Sie sie auch in die Pfützen springen.

Sonne, wo bist du?

Alter: ab 1 Jahr **Gruppenstärke:** 4 Kinder

Das brauchen Sie: Triangel, Klangstäbe

So geht es:

Sonne, wo bist du? *(Die Triangel wird angeschlagen.)*

Schade, noch keine Sonne da. *(Die Klangstäbe werden geschlagen.)*

Sonne, wo bist du? *(Die Triangel wird angeschlagen.)*

Schade, noch immer keine Sonne da. *(Die Klangstäbe werden geschlagen.)*

Sonne, wo bist du? *(Die Triangel wird angeschlagen.)*

Hurra, endlich ist die Sonne da! *(In die Hände klatschen und „Hurra" rufen.)*

Ein wunderschöner Regenbogen

Alter: ab 2 Jahren **Gruppenstärke:** 4–6 Kinder

Das brauchen Sie: Chiffontücher in den Farben des Regenbogens, Klangschale, einzelne Glockenspieltöne, Glockenspiel

So geht es:

Stell dir vor, ich habe einen wunderschönen Regenbogen gesehen.	*(Die Klangschale anschlagen.)*
Er leuchtet lila.	*(Einen Glockenspielton anschlagen.)*
Er leuchtet dunkelblau.	*(Einen Glockenspielton anschlagen.)*
Er leuchtet hellblau.	*(Einen Glockenspielton anschlagen.)*
Er leuchtet grün.	*(Einen Glockenspielton anschlagen.)*
Er leuchtet gelb.	*(Einen Glockenspielton anschlagen.)*
Er leuchtet orange.	*(Einen Glockenspielton anschlagen.)*
Er leuchtet rot.	*(Einen Glockenspielton anschlagen.)*
Der Regenbogen ist einfach wunderschön.	*(Das Glockenspiel wird zweimal entlanggefahren.)*

Nach jeder Farbe des Regenbogens, die gespielt wurde, wird das passende Chiffontuch in Regenbogenform ausgelegt.

Komm, wir wollen einen Schneemann bauen

Alter: ab 2 Kinder **Gruppenstärke:** 4 Kinder

Das brauchen Sie: Guiro, Rasseln, Rasseleier

So geht es:

Heute hat es geschneit, hurra!	*(Das Guiro wird mehrmals gestrichen.)*
Komm, wir wollen einen Schneemann bauen.	*(Die Rasseln werden gespielt.)*
Wir rollen zwei große Kugeln.	*(Die Rasseleier werden gespielt.)*
Eine Kugel ist der Kopf	*(Die Rasseleier werden gespielt.)*
und eine der Bauch,	*(Die Rasseleier werden gespielt.)*
eine Karotte als Nase,	*(Die Rasseln werden gespielt.)*
ein Topf als Hut.	*(Die Rasseln werden gespielt.)*
Fertig ist unser Schneemann.	*(Alle Instrumente werden gleichzeitig gespielt.)*
Ist er nicht wunderschön!	

Mein Tipp für die Praxis:

Wenn ausreichend Schnee vorhanden ist, sollten Sie unbedingt mit den Kindern gemeinsam einen Schneemann bauen.

Es regnet

Alter: ab 2 Jahren **Gruppenstärke:** 4 Kinder

Das brauchen Sie: falls möglich, eine große Trommel, als Alternative mehrere kleine Handtrommeln

So geht es:

Es fängt an zu regnen. *(Die Kinder dürfen gemeinsam mit den Fingerspitzen auf die Trommel klopfen.)*

Kleine Regentropfen fallen vom Himmel. *(Die Kinder klopfen weiter mit den Fingerspitzen auf die Trommel.)*

Der Regen wird stärker und stärker. *(Die Kinder dürfen immer schneller mit den Handflächen auf die Trommel schlagen.)*

Es kommt ein Gewitter.

Es donnert und blitzt. *(Mit dem Schlägel einmal fest auf die Trommel schlagen als Donner, mit der Handfläche kräftig über das Trommelfell wischen als Blitz.)*

Endlich! *(In die Hände klatschen.)*

Der Regen wird weniger. *(Die Kinder klopfen langsamer und weniger häufig auf die Trommel.)*

Jetzt sind es nur noch einige Regentropfen. *(Nur noch zweimal auf die Trommel klopfen.)*

Endlich, es hat aufgehört zu regnen. *(Niemand spielt mehr auf der Trommel.)*

Hurra! *(Die Kinder dürfen in die Hände klatschen.)*

Klanggeschichten: Im Urlaub

Meeresrauschen

Alter: ab 1 Jahr **Gruppenstärke:** 4–6 Kinder

Das brauchen Sie: Regenmacher, blaue Tücher, Muscheln, Fische aus Papier

Vorbereitung: Bodenbild als Meer mit blauen Tüchern wie Wellen legen, eventuell Fische und Muscheln hineinlegen

So geht es:

Die Kinder sitzen im Kreis: Beginnen Sie, indem Sie den Regenmacher langsam hin- und herbewegen. Dabei sprechen Sie zu Ihrem Nachbarkind: *„Komm, ich schenk dir eine Welle. Kannst du sie hören?“*

Wenn der Regenmacher verstummt, ist Ihr Nachbarkind an der Reihe. Es darf dem nächsten Kind eine musikalische Welle schenken.

Sprechen Sie gemeinsam mit den Kindern immer den gleichen Text: *„Komm, ich schenk dir eine Welle. Kannst du sie hören?“*

Die Klanggeschichte endet, wenn alle Kinder eine Meereswelle geschenkt bekommen haben.

Wir sammeln Muscheln

Alter: ab 2 Jahren **Gruppenstärke:** 4 Kinder

Das brauchen Sie: einzelne Glockenspieltöne, Triangel

So geht es:

Mit meiner Mama sammle ich Muscheln am Strand. *(Einzelne Glockenspieltöne anschlagen.)*

Hier ist eine, *(Die Triangel einmal anschlagen.)*

da ist eine, *(Die Triangel einmal anschlagen.)*

dort schon wieder eine. *(Die Triangel einmal anschlagen.)*

Und noch eine in den Eimer. *(Die Triangel einmal anschlagen.)*

So viele hat sonst keiner. *(Einzelne Glockenspieltöne anschlagen.)*

Bald schon ist mein Eimer voll. *(Einzelne Glockenspieltöne anschlagen.)*

Das ist toll! *(Beide Instrumente werden gleichzeitig gespielt.)*

Wir vergraben Papa im Sand

Alter: ab 2 Jahren **Gruppenstärke:** 4 Kinder

Das brauchen Sie: Klangstäbe, Guiro

So geht es:

Mein Bruder und ich, *(Die Klangstäbe werden geschlagen.)*

wir wollen unseren Papa im Sand eingraben. *(Die Klangstäbe werden geschlagen.)*

Wir schaufeln zuerst die Arme mit Sand ein, *(Das Guiro wird gestrichen.)*

dann die Beine, *(Das Guiro wird gestrichen.)*

dann den Bauch. *(Das Guiro wird gestrichen.)*

Nur der Kopf schaut noch heraus. *(Die Klangstäbe werden geschlagen.)*

Wir steigen auf einen hohen, hohen Berg

Alter: ab 2 Jahren **Gruppenstärke:** 4 Kinder

Das brauchen Sie: Klangstäbe, Handtrommeln

So geht es:

Heute steigen wir auf einen hohen, hohen Berg. *(Die Klangstäbe werden geschlagen.)*

Wir steigen immer weiter und weiter *(Die Klangstäbe werden geschlagen.)*

bis ganz oben hinauf. *(Die Klangstäbe werden geschlagen.)*

Hurra! *(Die Handtrommeln werden angeschlagen.)*

Endlich sind wir da! *(Die Handtrommeln werden angeschlagen.)*

Wir sind froh und munter *(Beide Instrumente werden gleichzeitig angeschlagen.)*

und steigen den Berg auch wieder hinunter. *(Die Klangstäbe werden angeschlagen.)*

Wir machen eine Schatzsuche

Alter: ab 2 Jahren **Gruppenstärke:** 4–6 Kinder

Das brauchen Sie: Kastagnetten, Holzblocktrommeln

So geht es:

Stell dir vor, Mama hat uns einen Schatz versteckt.	*(Die Kastagnetten werden gespielt.)*
Ob wir ihn finden?	*(Die Kastagnetten werden gespielt.)*
Wir suchen überall.	*(Die Holzblocktrommeln werden gespielt.)*
Da ist er nicht,	*(Die Holzblocktrommeln werden gespielt.)*
da ist er auch nicht	*(Die Holzblocktrommeln werden gespielt.)*
und da auch nicht.	*(Die Holzblocktrommeln werden gespielt.)*
Aber jetzt,	*(In die Hände klatschen.)*
hab ich ihn endlich entdeckt.	*(Die Kastagnetten werden gespielt.)*
Ein großer Goldtaler aus Schokolade.	*(Beide Instrumente werden gespielt.)*
Mhh, schmeckt der lecker!	*(Alle rufen „mhh" und reiben sich den Bauch.)*

Wir sind heut auf der Ritterburg

Alter: ab 2,5 Jahren **Gruppenstärke:** 4–6 Kinder

Das brauchen Sie: Klangstäbe, Guiro

So geht es:

Wir sind heut hoch oben auf der Ritterburg. *(Die Klangstäbe werden geschlagen.)*

Es gibt viel zu entdecken. *(Die Klangstäbe werden geschlagen.)*

Schwerter, eine Ritterrüstung, *(Das Guiro wird gestrichen.)*

eine Zugbrücke zum Darübergehen, *(Das Guiro wird gestrichen.)*

und einen Burggraben gibt es auch. *(Das Guiro wird gestrichen.)*

Auf der Ritterburg, da ist es schön.
Ich will gar nicht mehr nach Hause gehn. *(Beide Instrumente werden gleichzeitig gespielt.)*

Klanggeschichten: Was Kinder gerne machen

Ich baue einen Turm

Alter: ab 2 Jahren **Gruppenstärke:** 4–6 Kinder

Das brauchen Sie: Holzblocktrommel, Handtrommeln, Bauklötze

So geht es:

Mit meinen Bauklötzen bau ich einen hohen Turm, *(Die Holzblocktrommeln werden angeschlagen.)*

ich bau ihn immer höher und höher. *(Die Holzblocktrommeln werden angeschlagen.)*

Und Krach, *(Die Handtrommel wird geschlagen.)*

da fällt er um! *(Die Handtrommel wird geschlagen.)*

Mein Tipp für die Praxis:

Bauen Sie gemeinsam mit den Kindern einen Turm. Wie hoch wird der Turm, ohne umzufallen?

Lieber, kleiner Teddybär

Alter: ab 1 Jahr **Gruppenstärke:** 4 Kinder

Das brauchen Sie: kein Material erforderlich

So geht es:

Lieber, kleiner Teddybär, *(Zum Text in die Hände klatschen.)*

ich mag dich wirklich sehr. *(Auf die Beine patschen.)*

Mit dir zu kuscheln ist immer wunderschön. *(Zum Text in die Hände klatschen.)*

Komm, lass uns schlafen gehn. *(Auf die Beine patschen.)*

Mein Tipp für die Praxis:

Laden Sie die Kuscheltiere der Kinder doch mal in den Morgenkreis ein, und begrüßen Sie diese ebenfalls.

Mein roter Ball

Alter: ab 1,5 Jahren **Gruppenstärke:** 4 Kinder

Das brauchen Sie: Handtrommeln, Klangstäbe

So geht es:

Ach du Schreck,	*(Die Handtrommeln werden angeschlagen.)*
mein schöner roter Ball ist weg.	*(Die Klangstäbe werden geschlagen.)*
Wo ist er bloß versteckt?	*(Die Handtrommeln werden angeschlagen.)*
Mama findet ihn sofort.	*(Die Klangstäbe werden geschlagen.)*
Hurra,	*(In die Hände klatschen.)*
mein Ball ist wieder da!	*(Beide Instrumente gleichzeitig spielen.)*

Mein Tipp für die Praxis:

Spielen Sie zusammen mit den Kindern im Morgenkreis „Ball verstecken“. Sie verstecken den Ball und die Kinder dürfen ihn suchen. Besonders viel Spaß macht es, wenn auch Kinder zusammen mit Ihnen den Ball verstecken dürfen.

Am liebsten ess ich Erdbeereis

Alter: ab 2 Jahren **Gruppenstärke:** 4 Kinder

Das brauchen Sie: kein Material erforderlich

So geht es:

Am liebsten ess ich Erdbeereis und auch Zitrone. *(Zum Text klatschen.)*

Was magst du? *(Auf die Beine patschen.)*

Am liebsten mag ich … und auch … *(Zum Text klatschen.)*

Was magst du? *(Auf die Beine patschen.)*

Sprechen Sie den Text vor. Jedes Kind darf den Text zusammen mit Ihnen sprechen und sein Lieblingseis einfügen. Mit „Was magst du?“ kommt das nächste Kind an die Reihe.

Variation:

Sie können statt Eis auch die Lieblingsgerichte der Kinder einsetzen.

Mein Tipp für die Praxis:

Diese Klanggeschichte ist für die größeren Kinder geeignet, da gesprochen wird und gleichzeitig Bewegungen durchgeführt werden.

Heut' spielen wir verstecken

Alter: ab 2 Jahren **Gruppenstärke:** 4–6 Kinder

Das brauchen Sie: Kastagnetten, Handtrommeln

So geht es:

Mama hat sich versteckt, *(Die Kastagnetten werden gespielt.)*

ich muss sie suchen. *(Die Kastagnetten werden gespielt.)*

Ja, wo ist sie denn? *(Die Handtrommeln werden geschlagen.)*

Hinter der Tür? *(Die Kastagnetten werden gespielt.)*

– Nein! *(Die Handtrommeln werden geschlagen.)*

Unter dem Tisch? *(Die Kastagnetten werden gespielt.)*

– Nein! *(Die Handtrommeln werden geschlagen.)*

Im Schrank? *(Die Kastagnetten werden gespielt.)*

– Nein! *(Die Handtrommeln werden geschlagen.)*

Endlich hab ich sie entdeckt,
sie hat sich hinter dem Vorhang versteckt! *(Beide Instrumente werden gleichzeitig gespielt.)*

Komm, lass uns tanzen!

Alter: ab 2 Jahren **Gruppenstärke:** 4 Kinder

Das brauchen Sie: einzelne Glockenspieltöne, Triangel

So geht es:

Komm, lass uns tanzen! *(Einzelne Glockenspieltöne werden angeschlagen.)*

Tralalalala. *(In die Hände klatschen.)*

Wir drehen uns. *(Die Triangel wird gespielt.)*

Wir drehen uns. *(Die Triangel wird gespielt.)*

Im Kreis, *(Die Triangel wird gespielt.)*

links herum und *(Einzelne Glockenspieltöne werden angeschlagen.)*

rechts herum. *(Einzelne Glockenspieltöne werden angeschlagen.)*

Trallalallala. *(In die Hände klatschen.)*

Zur Ruhe kommen ohne Worte

Alter: ab 1 Jahr **Gruppenstärke:** ganze Gruppe möglich

Das brauchen Sie: kein Material erforderlich

So geht es:

Sie machen die verschiedenen Bewegungen vor und die Kinder machen diese nach. Die Bewegungen werden mehrfach gewechselt und beliebig oft wiederholt. Die Kinder finden so durch Konzentration zur Ruhe.

Auf die Beine patschen,

in die Hände klatschen,

Arme hoch oben über den Kopf und in die Hände klatschen.

Mehrfach wiederholen.

Zum Abschluss:

Alle Kinder dürfen aufstehen und stampfen.

Mein Tipp für die Praxis:

Sie können diese Übung gut für Übergänge verwenden, beispielsweise bevor es in den Garten geht. Den Kindern gelingt es dann leichter, sich ruhig anzustellen.

Mein Ball

Alter: ab 2 Jahren **Gruppenstärke:** 4 Kinder

Das brauchen Sie: für die Hälfte der Kinder Klangstäbe, für die andere Hälfte Rasseleier

So geht es:

Da ist ein wunderschöner Ball. *(Die Klangstäbe werden zum Text geschlagen.)*

Mit dem will ich spielen.

Da ist ein wunderschöner Ball. *(Die Rasseleier werden gespielt.)*

Mit dem will ich spielen.

Wollen wir spielen? *(Beide Instrumente werden gleichzeitig geschlagen.)*

Beide Kinder spielen zusammen Ball. *(Instrumente werden mehrmals im Wechsel gespielt wie beim Ballspielen.)*

Mein Tipp für die Praxis:

Spielen Sie mit den Kindern im Anschluss noch Ball. Sie können sich den Ball gegenseitig zurollen oder werfen, wie die Kinder es möchten.

Notizen